In die Entspannung und zu sich selbst reisen.
Der Seele Flügel verleihen und doch geerdet bleiben.

Inhaltsverzeichnis

Vorwort

Geschichten zur Entspannung werden schon viele Jahre geschrieben, und ich habe nicht den Anspruch etwas völlig Neues zu bieten.

Mein Ziel ist es, ein Praxishandbuch für den Bereich Entspannung und Körpererfahrung, für Therapeuten, Yogalehrer etc. anzubieten.

Aus eigener Erfahrung weiß ich, dass eine schön gestaltete Abschlussentspannung das i – Tüpfelchen einer jeden Yogastunde darstellt oder bei Tagesseminaren eine kleine Erholungsoase, eine kleine Auflockerung sein kann.
Ich selbst bin immer wieder auf der Suche nach neuen Texten, die mich inspirieren, die eine kleine Herzensflamme in mir entfachen, die ich dann weiterreichen kann. Je mehr mich ein Text anspricht, desto besser kann ich etwas „ins Feld" hineingeben. Mir fiel es in den letzten Jahren immer weniger leicht,

geeignete Texte zu finden - aus dem einfachen Grund: Viele schöne Texte/Geschichten hatten bereits den Weg zu mir gefunden – ich hatte einfach alles „abgegrast". Daraufhin habe ich zunächst vorhandene Texte für mich passend geschrieben. Dann habe ich mich mehr und mehr von vorgegebenen Texten gelöst und meine eigenen Erfahrungen, Gefühle, Gedanken sprechen lassen. Meine Pilgerreisen nach Assisi und Israel sind sehr persönliche Erlebnisse, die ich in der Form von Entspannungsgeschichten weitergeben möchte.

Gefühle haben eine große Auswirkung auf unser Sein und auf Heilungsprozesse. Ein Ziel meiner Arbeit ist, die für uns wohltuenden, förderlichen Gefühle zu nähren. Meine Patienten, Klienten dahingehend zu begleiten, dass ihnen zum einen die Kraft der Gefühle bewusst wird und deren Auswirkungen, sowie ein Handwerkszeug mit auf den Weg zu geben, dass sie selber, selbstbestimmt entscheiden (und auch

umsetzen können) welchen Gefühlen sie Raum geben möchten. Stichwort: "Du bist was Du fühlst und denkst"
In der Entspannung geschieht Heilung, die Selbstheilungskräfte können frei fließen.

Mir ist aufgefallen, dass jeder Autor, jede Autorin, mit ihren ganz eigenen Erfahrungen – mit ihrer eigenen Sicht auf die Dinge, neue Facetten, neue Bilder, Stimmungen kreieren … von den immer gleichen Dingen. Mit Demut sehe ich was uns die Schöpfung schenkt und uns immer wieder – immer wieder aufs Neue überrascht, beschenkt!!!
Ich denke, es ist eine unendliche Geschichte die geschrieben werden darf. Ich möchte meinen Teil dazu beitragen. Auch ist es mir ein Anliegen, das Bewusstsein für die Natur zu wecken als auch wachzuhalten, denn was wir lieben und wertschätzen, wird von uns geschützt.Dies ist eine Aufgabe, die wir als Menschengemeinschaft angehen müssen – jetzt!

Es ist an der Zeit, unser aller Mutter Erde zu wertschätzen, zu lieben und Heilung Wirklichkeit werden zu lassen.
Ich wünsche euch viel Freude, schöne Erfahrungen und natürlich Entspannung mit den Geschichten.

Alles Liebe und Namaste!

Petra Paschalidis

Einleitung

Liebe Kolleginnen, Kollegen und Entspannungsinteressierte,

Die, die therapeutisch arbeiten, Seminare geben oder Yoga unterrichten, haben im laufe der Zeit ihre Hinführungswege / Rückholphasen, Methoden zum Ankommen und Zurückfinden, gefunden. Hier einfach nochmal ein paar Anregungen diese Phasen mit Worten zu gestalten sowie zunächst ein paar allgemeine Hinweise zu den Entspannungs-reisen.

Mögliche Ergänzungen zu den Entspannungsreisen:

Gerne setze ich Klangschalen zur Untermalung der Entspannungsreisen mit ein. Klangschalen in 2 bis 3 Größen sind schon völlig ausreichend (tiefer Ton, Herzton, hoher Ton). Falls du schon mit Klangschalen arbeiten solltest, z.B als Klangschalentherapeutin, kannst Du schon aus dem Vollen schöpfen;)). Bei einigen Entspannungsreisen habe ich den Einsatz von Klangschalen exemplarisch mit angegeben. Auch der Einsatz von ätherischen Ölen via Diffusor oder Duftlampe können die Entspannungsreise noch schöner gestalten. Schaut was den euch anvertrauten Menschen gut tun könnte. Fragt euch, welche Stimmung bzw. welche Gefühle in der Geschichte angesprochen werden, und stimmt den Duft darauf ab. Zum Einsatz von ätherischen Ölen findet ihr umfangreiche Literatur auf dem Markt - vielleicht seid ihr schon Expertinnen oder Experten auf diesem Gebiet oder ihr könnt euch Tipps von anderen holen, die auf diesem Gebiet bewandert sind.

Natürlich solltet ihr bevor ihr loslegt, eure Klienten/Patienten/Yogis befragen, ob es Unverträglichkeiten hinsichtlich der Düfte geben sollte bzw. ob der Einsatz von Düften gewünscht ist.

Es empfiehlt sich die Geschichten vorab einmal laut zu lesen, so dass Ihr selber ein Gefühl – für „das Gewebe" des Textes, die Textmelodie bekommt.

Bei der Auswahl einer Geschichte halte ich es immer so: Wenn ich mich selber im Gefühl angesprochen fühle, ein Klingen im Herzen spüre, mich inspiriert fühle, dann ist es für mich eine geeignete Geschichte. Denn wenn wir inspiriert sind können wir dies weitergeben ... in das Feld geben, dass uns alle miteinander verbindet. Vertraut Eurem Gefühl und auch, dass immer die passenden Menschen zu euch kommen.

Hinführungswege

Du kommst auf deiner Matte (Stuhl) an, machst es dir bequem - findest dich in eine Haltung ein, in der du für eine Weile sein kannst, lässt nun den Alltag ein wenig ruhen. Jetzt hast du Zeit für dich – darfst dein Wohlergehen in den Mittelpunkt stellen. Nimm einige tiefe Atemzüge. Wenn dir danach sein sollte, dann lass den Ausatem mit einem Ton gehen ... so können sich Anspannungen noch besser lösen.

Atme ganz bewusst, nimm jeden Atemzug als Geschenk wahr. Erlaube dir deine Augen zu schließen und richte deine Aufmerksamkeit auf deinen Innenraum. Spüre das Heben und Senken deiner Brust - deiner Bauchdecke im Atemrhythmus. Nimm die Atembewegung auch an deinem Rücken wahr.

Spüre wie die Atemwelle sich durch deinen Körper bewegt. Lass dich von deinem Atem in die Entspannung führen. (Große Klangschale anschlagen)

Kurzformel
Ankommen, bequeme Haltung finden, tiefe Atemzüge, Augen schließen, Atembeobachtung

Rückholphase
(Klangschale anschlagen)
Jetzt ist es Zeit zurückzukommen. Zurück in

Zeit und Raum. Nimm wahr wie du auf der Matte liegst (auf dem Stuhl sitzt) ... spüre deinen Körper, ... lass nach und nach deine Gedanken wieder bei dir eintreffen. Nimm wieder deutlichen Kontakt zu deinem Atem auf. (Klangschale anschlagen)

Atme bewusst ein und wieder aus. Lass die Atemwelle durch deinen Körper wandern. Schau mal, ob sich ein Bewegungsimpuls zeigt und wenn ja, dann gehe im nach.
Welches Körperteil möchte als erstes in die Bewegung gehen?
Beginne mit kleinen Bewegungen ... lass diese nach und nach größer werden. Mach dich vielleicht auch nochmal ganz lang – strecke und recke dich. Öffne dann deine Augen. Rolle dich über die Seite und komme zum Sitzen.

Kurzformel
Klangschale klein, bewusstes atmen, Körper spüren, bewegen, Augen öffnen

Nebeltanz

Wolken schweben vom Himmel – küssend die
Erde. Durchziehen – durchdringen alles
Gewächs, ... Büsche, Bäume geheimnisvoll
umfangend. Schützend eingehüllt im
Nebelkleid, wagen Elfen sich zu zeigen – zart
und ätherleicht beginnen sie nach unhörbaren
Klängen sich tanzend zu bewegen.
Formauflösend, ... loslassend, ... verlierend, ...
im neuen Kleid sich findend, ... unwirklich, ...
wirklich, ... scheinen aus Nebel geboren,
steigen auf aus dem Schoß unser aller Mutter
Erde – genährt von deren Liebe. Rufen sie die
Pflanzengeister sich zu zeigen. Scheu geben
sich die ersten Gesichter zu erkennen – sollen
sie es wagen dem Ruf zu folgen?

Sacht berühren die Elfen ihre Natur-
geschwister, ermutigen sie den Tanz mit ihrem
Sein zu bereichern. Alle Angst weicht –
Leichtigkeit, Vertrauen und Freude gewinnen
an Raum und verbinden alle Wesen mit-

einander. Der gemeinsame Tanz öffnet die Welt im inneren als auch im außen – ganz durchlässig, ... ganz heil fühlt sich das an. Nach und nach wirkt sich Licht durch das Nebelweisgrau – Sonnenstrahlen lösen das Schweben und Weben. Elfen und Natur-geschwister ziehen sich mit vollem Herzen in ihre Nischen zurück, ... in Erwartung eines zukünftigen Tanzes.

Sternensehnsucht

Über dir die unendliche Weite des Sternenhimmels - träume dich hinein – mach dich auf
die Reise, lass dich von deinem Gefühl, deiner
Sehnsucht leiten. Sie kennt den Weg – zu den
Sternen, in die Unbegrenztheit. Erinnere dich
… Weite, unendliche Weite … Du fühlst dich
unbeschwert, … leicht, … so frei wie noch nie.

Du atmest tief ein – die Lebensenergie fließt
ungehindert durch deinen Körper, eine neue
Lebendigkeit ein neues Sein – eine Kraft in dir
ist spürbar. Du atmest ebenso tief aus und
näherst Dich dem Sternenglanz. Ein Vibrieren,
Schwingen, Sphärensingen um dich herum …
umspült, durchdringt dich heilend. Es ist als
ob, das Sternenklingen dich neu ausrichtet …
Alles, was nicht zu dir gehört, darf gehen …
Alles, was du brauchst, wird gesehen und dir
gegeben.

Atme die Weite des Sternenhimmels in dich hinein. Jeder Atemzug öffnet dich – schenkt dir Weite. Dein Herz öffnet sich und du erkennst - siehst die Liebe um dich herum, sie überflutet Himmel und Erde, ... allem liebend zugewandt.

Du fühlst dich getragen, Ruhe und Frieden lassen dich noch weiter, noch durchlässiger werden – tiefe Ruhe und Zufriedenheit lassen dich im Sternenlicht baden. Ein Wispern dringt zu dir: „Die Sterne tragen die Liebe des Universums in sich ... Diese Liebe kannst du auch immer tief in dir erspüren!"

Ein unerschütterliches Vertrauen in das Leben – dein Leben, ... alles Leben um dich herum - verankert sich in dir.

Spüre dich ganz bewusst in das Gefühl von Heilsein – Ruhe – Frieden und Vertrauen hinein.

Nimm sie jetzt wahr – nimm die wohltuende Wirkung deiner Gefühle wahr: Ruhe in dir und um dich herum. Tiefes Vertrauen verleiht dir Stabilität, lässt dich alle Hindernisse bewältigen. Weist dich umgeben vom Raum der Liebe – sie öffnet dein Herz. Erlaube dir die Liebe fließen zu lassen … in dir, … in deinem Körper und auch weiter von Herz zu Herz.

Dein Atem geht ganz ruhig und gleichmäßig – wiege dich selbst im Atemrhythmus. Schenke dir noch eine Weile Atemgeborgenheit im Auf und Ab, … im Kommen und Gehen … Beende nun deine Sternenreise und finde dich wieder, … finde dich wieder ein in Zeit und Raum.

Unterwegs zum Wald

Du machst dich auf den Weg zum Wald, ... deinem Lieblingswald. Eine arbeitsreiche Zeit liegt hinter dir ... und jetzt hast du frei. Ein wunderbar, unverplanter Tag liegt vor dir, ... herrlich!!!
Ein Tag, den du so ganz nach deinen Bedürfnissen ausrichten darfst, und du fühlst dich frei und leicht, ... ganz leicht, ... frei, ... unbeschwert. Du atmest tief ein und ebenso tief wieder aus, ... tief ein und loslassend aus ... Reste von Anspannungen können gehen ... Gedanken dürfen gehen. Du wirst mehr und mehr zum Fühlenden, Spürenden.

Nimmst auf deinem Weg alle Farben, Gerüche und Geräusche ganz bewusst wahr. Was siehst du? Welche Gerüche kannst du wahrnehmen und was kannst du hören? Du kennst den Weg zu deinem Wald ganz genau. Jeder Stein, jede Pflanze, der Wegverlauf ist dir sehr vertraut. Und doch wird dir der Anblick nicht langweilig

– jeder Tag hat sein ganz eigenes Licht, seine ganz eigene Atmosphäre, seine ganz eigene Qualität. Diese ganz eigene Ausstrahlung wirkt auf dich ein – durchdringt dich. Weckt das Fühlen in dir und das Wissen, dass du mit der Natur verbunden bist – du gehörst dazu, ... bist ein Teil von ihr.

Federnd, beschwingt ist dein Schritt. Ein angenehmes Fließen, Strömen spürst du in dir. Du fühlst dich ganz lebendig und wohl.

Du erreichst nun deinen Wald, tauchst ein in die schützende Umarmung der Bäume. Welche Bäume begegnen dir als erstes? Buchen? Eichen? Fichten?

Mit einem sanften Raunen, Blätterwispern wirst du begrüßt. Denn auch du bist den Bäumen ganz vertraut und sie freuen sich, dass du da bist und ihre Schönheit erkennst! Zart streifst du über die Rinde eines Baumes – ein tiefhängendes Blatt kitzelt dich im Gesicht. An deinem Lieblingsbaum lässt du dich nieder, schließt die Augen und bist ganz

bei dir und deinem Atem, ... verbindest über
das Ein und Aus den Raum in dir mit dem
Waldesraum um dich herum. Tiefe Ruhe und
Frieden erfüllen dich ...

Nach einer Weile stehst du wieder auf,
streifst noch ein wenig durch die Gegend, ...
bist ganz waldesvoll ... und schaust was dir der
Tag noch so bringen mag.

Auf zum Meer

Du hast Zeit – viel Zeit – bist ganz ohne Verpflichtungen. Dich zieht es zum Meer. Du machst dich auf den Weg – durchwanderst eine Heidelandschaft, in der viele wind-geformte Bäume stehen – niedrig gewachsen mit gewundenen Stämmen und Ästen. Der Boden ist schon ganz sandig. Erste Grüße von den Dünen, die du in der Ferne erkennen kannst – Sandhügelwellen, die mit dem Horizont verschmelzen. Der Wind zaust dir durchs Haar – pustet alle Gedanken hinfort.

Diesen Moment nimmst du ganz bewusst wahr – dir ist nach Innehalten, ... Stehenbleiben. Tief atmest du die Luft ein, die nach Meer und Freiheit schmeckt - frisch, reinigend werden deine Lungen durchflutet. Wie wohl das tut, ... Du genießt die Atemfülle ... und lässt dann den Atem wieder los, ... fühlst dich leicht. Und auch den Moment der Atemleere kostest du voll aus. So stehst du für eine Weile und genießt – spürst dich selbst im Atemrhythmus, … wirst dabei innerlich ganz ruhig. Schaust dich um und bist dankbar für das Geschenk, welches dir die Natur macht.

Dann nach einer Weile setzt du deinen Weg fort … näherst dich den Dünen. Schon kannst du einen Pfad durch die Sandwellen erkennen … - Die Vegetation verändert sich … Strandhafer winkt dir zu. Das Gehen wird schwerer. Du sinkst im Sand ein und rutschst beim Anstieg immer wieder ein bisschen abwärts. Es tut deinem Körper gut, sich ein wenig anzustrengen – die Muskeln zu spüren, in die Kraft zu gehen. Dabei wird dir angenehm warm. Du kannst das Schlagen deines Herzens gut wahrnehmen. Noch ein paar Schritte und du hast die Dünenkuppe erreicht. Dir eröffnet sich die Weite des Meeres … Weit kann dein Blick in die Ferne schweifen. Du setzt dich hin und nimmst alles in dich auf, … Strand und Wasser, … das Salz des Meeres in der Nase, … das Windspiel auf der Haut und im Haar, … das

Rauschen der Wellen. Du lässt das Kommen und Gehen der Wellen mit deinem Atemrhythmus eins werden, ... auf und ab, ... ein und aus ... Du spürst das Leben in dir und um dich herum.

Jetzt ist dein Moment ...

Nach einer Weile kommst du zurück.

Steine

Du wanderst am Strand am Meeressaum entlang. Die Wellen lecken und umspülen immer wieder deine Füße. Bei jedem Schritt graben sich deine Zehen in den feuchten Sand hinein - wie gut sich das anfühlt! Mit viel Zeit im Rücken und vor der Brust setzt du deinen Weg fort, ohne ein konkretes Ziel zu haben ... einfach aus Freude am Laufen, ... am Sein.

Dein Atem hat sich deinen Schritten angeglichen – Atem und Bewegung sind eins. Schritt für Schritt, ... Atemzug für Atemzug, ... ein und aus - bist ganz in der Atempräsenz. Du spürst die Lebensenergie in dir und um dich herum, lässt deinen Blick immer wieder über das Wellenspiel gleiten, ... über die Gischt. Du siehst die goldenen Lichtkristalle, mit denen die Sonne die Wellen krönt ... Wie aus einem großen Füllhorn ergießt sich das Funkeln und Glitzern auf das Wasser. Wunderlicht!

Auch direkt vor deinen Füßen zeigen sich dir Schätze: Muscheln, ... Tang, ... Krebse, ... bunte Kiesel und Steine, ... große und kleine Steine, ... eckige und vom Meer rundgeschliffene Steine, ... weiße, fast durchsichtige Steine, gestreifte und gefleckte Steine, ... Steine in den unterschiedlichsten Farben, ... rosa, ... blau, ... schwarz, ... grüne, ... bunte Steine. Immer mal wieder bleibst du stehen und bückst dich, um einen besonders schönen Stein in die Hand zu nehmen, ... ihn zu befühlen, ... das Gewicht in der Hand zu wiegen, ... in ganz genau zu betrachten, ... ihm seine ganz eigene Geschichte – sein Geheimnis - zu entlocken. Wie lange lebst du schon, du Stein? Wohin hat dich deine Reise geführt? Was ist dir unterwegs begegnet? Ach - wenn du doch nur erzählen könntest!

Du bist so ganz bei deinem Stein, und es ist als würde er sich dir mitteilen über Bilder, die in deinem Inneren entstehen. Was zeigt sich vor deinem inneren Auge? Was hat dein Stein erlebt?

Du freust dich über den Austausch mit deinem Stein, ... über die Bilder, die er dir schenkt. Nach einer Weile legst du ihn zurück, weil du weißt, dass er sich hier am Wasser von seiner schönsten Seite zeigen kann. Du schaust ihn dir zum Abschied nochmal an ... und siehst ein Lächeln aus deinem Stein hervorleuchten. Du kannst das Leben und seine Persönlichkeit in ihm sehen. Verwundert und beglückt zugleich nimmst du diesen Moment ganz bewusst wahr. Das Erkennen der Lebendigkeit der Beseeltheit des Steines lässt dich innerlich ganz weit werden, ... ganz weit und durchlässig. Du fühlst die Verbundenheit zu allem, was ist.

Du atmest tief ein und wieder aus ... und setzt dann beschwingt und mit viel Dankbarkeit im Herzen deinen Weg am Meeressaum fort - in Erwartung neuer Naturoffenbarungen.

Lichtmagie....

... bringt unscheinbares zum Leuchten.
... kitzelt die Farben heraus.
... wechselt die Betonung.
... lässt Stimmung und Gefühle entstehen.
... lädt dich zum Lichtbad ein.

... Welche Farbe siehst du jetzt, ... welche
Farbe steigt aus deinem Inneren auf?
Welche Qualität hat deine Farbe?
Steht sie für...
... Lebensfreude?
... Kraft?
... Ruhe?
... Entspannung?
...Zentrierung?
...Heilung?

Wie wirkt sich das Licht in dir aus?
Wohin soll deine Lichtfarbe fließen? Möchtest
du dich in deinem Farbenlicht geborgen
eingehüllt wissen? Oder strömt das Licht in

deinem Körper?

Du nimmst deinen Atem mit hinzu, … Atme tief ein, lass dein Licht, deine Farbe leuchten … Atme aus und schicke das Farbenlicht dorthin, wo es von ganz alleine hinfließen möchte … befrage deinen Körper, welcher Körperbereich sich nach dem Licht, der Farbe sehnt … Lausche auf die Antwort, … spüre genau hin … Atme ein, deine Farbe zeigt- sich klar, … atme aus und entsende den Farbstrom … Verbleibe mit deiner Aufmerksamkeit für einige Atemzüge an einem Ort … Sei offen und neugierig auf die Wirkung …

Befrage dann wiederum deinen Körper, ob das Licht weiterreisen soll in deinem Körper oder - um deinen Körper … oder, ob das Licht weiterhin an der einen Stelle verweilen möchte … Schau, was sich zeigt… und dann atme, … atme Licht und Farbe, … verweile … oder reise … Nimm das Gefühl von wohliger Entspannung wahr, welches sich mehr und mehr in Dir ausbreitet....das Gefühl von Gelöstsein und Ruhe, ... das Gefühl von ganz bei dir sein, ... das Wissen, dass du dir selber – aus dir heraus - Wohligkeit und auch Heilung schenken kannst mit deiner Vorstellungskraft ... - verbunden mit der Liebe zu dir selbst ... Atme Licht und Farbe, ... ein und aus, ... nimm dir die Zeit, die du brauchst ...

Ergänzung
Du kannst mit deiner Vorstellungskraft das Licht auch zu anderen - Menschen senden ... Wer kommt dir jetzt ganz spontan in den Sinn, ... wer aus deinem Umfeld würde sich über lichtvolle Gedankenkraft freuen? Wem kannst du aus der Mitte deines Herzens Liebeslichtwellen zukommen lassen? Wenn du jetzt an einen bestimmten Menschen denkst, kann es sein, dass die Farbe deines Lichtes sich verändert ... Vielleicht braucht die Person, an die du denkst, eine ganz bestimmte Farbqualität ... Denke nicht – erspüre die Farbe, ... lass sie einfach kommen ... Atme ein ...

Ausatmend fließt die Lichtfarbe diesem Menschen zu, ... umhüllt ihn zunächst ... Schenke ihm für einige Atemzüge ein Lichtbad ... Deine Ruhe und deine liebevollen Gefühle für diesen Menschen reisen mit ... übertragen sich, ... tun euch beiden gut ... Kannst du die Verbindung wahrnehmen? Bleibe so lange in der Atemlichtverbundenheit, wie es sich stimmig für dich anfühlt.

Irgendwann bekommst du den Impuls, dich von deinem Menschen zu verabschieden ... Wenn du magst, bedanke dich für das gemeinsame Erlebnis ...
Komme dann allmählich zurück in unseren Raum (in unsere Turnhalle, in unseren Yogaraum, Gruppenraum, ...), ... komme nun auch zurück auf deine Matte (Stuhl, Liege, ...) ... Besinne dich wieder auf deinen Körper, ... nimm deinen Körper ganz bewusst wahr ... Nimm wahr, in welcher Haltung du dich gerade befindest, ... und beginne dann deinen Körper mit sanften zunächst kleinen Bewegungen langsam

aufzuwecken … Lass die Bewegungen nach und nach deutlicher werden … Öffne deine Augen, wenn du soweit bist … und wieder ins Außen in den Tag gehen möchtest. Nimm die Erfahrungen, die Gefühle dieser Reise mit.

Zeit der Raunächte

Es ist die Zeit der Raunächte. Die Fülle der Weihnachtstage liegt hinter dir. Die Wärme und das Licht des Weihnachtsfestes hallt noch in dir nach, … begleitet dich. Jetzt wird es ruhiger und du hast mehr Zeit für dich, … Zeit für diese ganz besondere Zeit zwischen den Tagen … Das laufende Jahr kommt zur Vollendung … Das Kommende ist schon zu erahnen, … liegt aber noch im Verborgenen. Du hältst inne und tauchst ein … in die Stimmung, Schwingungen der Raunächte, … Zauberzeit. Zeit und Raum sind ein wenig ausgehebelt …

Tag und Nacht liegen nah beieinander, fließen ineinander ... Du lässt dich mitnehmen und fließt mit, ... ganz im Vertrauen ... Ein wenig Neugierde ist dabei ... Was wird sich dir in den Zaubernächten zeigen? ... Was hält die Raunachtszeit für dich bereit? Es braucht nur ein wenig Aufmerksamkeit. Himmel und Erde sind sich jetzt besonders nah ... Der Himmel möchte uns ganz nah sein und beschenken. Dir werden die ganzen Geschenke des letzten Jahres bewusst ... Was ist dir alles gegeben worden? Wie oft hattest du Glück und bist beschützt worden? Schau dir all die Situationen, Begegnungen und materiellen Dinge an, die dir gegeben worden sind. Schaue mit Dankbarkeit auf all das.

Vielleicht möchtest du innerlich einige Male Danke sagen ... Danke ... Danke ... Danke. Vielleicht gelingt es dir auch, auf die Geschehnisse, die nicht so gut gelaufen sind, mit einem anderen Blick zu schauen ... Es hätte

auch noch weniger gut für dich laufen
können ... Bedanke dich dafür, dass du vor
Schlimmerem bewahrt worden bist ... Danke ...
Danke ... Danke.

Bedenke auch die Erfahrungen, die du hast
gewinnen dürfen. Atme einige Male tief ein
und ebenso tief und vollständig aus ... Lass das
Jahr Revue passieren ... Atme ein und wieder
aus, ... ein ... und ... aus.

Nun schalte um ... Reise in das zukünftige, noch
unbeschriebene Jahr ... Was möchtest du
erleben? Welche Erfahrungen dürfen dich
bereichern?

Benenne deine Ziele, Wünsche ... ganz konkret
... Sieh sie bildhaft vor dir ... Wie möchtest du
dich fühlen in den nächsten Monaten? ... Wie
wirst du dich fühlen, wenn deine Wünsche
Wirklichkeit geworden sind? ... Imaginiere, ...
fühle, ... manifestiere ... Lass dich dabei von
deinem Atem unterstützen, ... atme ein und aus

... Dein Atem öffnet dich von innen ... schafft Raum für Neues ... Atme ein, ... fühle die Weite in dir, ... den Raum der Möglichkeiten, ... den du ganz individuell gestalten kannst ... für dich ... Atme aus ... lass alles gehen, was dich nicht mehr begleiten soll, ... fühle die Leere, ... das Freisein ... Denke an alle Menschen, die dich im neuen Jahr begleiten sollen ... Welche Menschen tun dir gut ... fördern dich?

Gestalte „dein" Jahr, ... atme dich ins zukünftige Jahr hinein, ... imaginiere, ... fühle ... manifestiere ... Wie wirst du sein?

Kristallheilung

Du machst es dir so bequem wie möglich. Findest dich in eine Haltung ein, in der du für eine Weile sein kannst. Sorgst gut für dich, richtest dir deinen Platz ein. Schaust, ob eine

Decke oder ein Kissen dein Wohlbefinden unterstützen können ... jetzt ist deine Zeit ... deine Aufmerksamkeit darf ganz allein dir gelten. Wenn du dich gut eingefunden hast, erlaube dir deine Augen zu schließen, atme einige Male tief ein und aus.

Gerne kannst du dem Ausatem auch einen Ton schenken ... löse deine Stimme ... nimm wahr, wie du so vorhandene Spannungen gehen lassen kannst ... schenke deinem Atem volle Auf-merksamkeit ... Es gibt jetzt nichts zu tun ... du darfst einfach sein und atmen ... Lass es geschehen ... Dein Atem trägt dich in die Entspannung ... (3x Klangschale groß)
Und nun träume dich in einen ... in deinen Kraftort hinein ... An welchen Orten ... in welcher Umgebung fühlst du dich so richtig wohl?
Wo trägt dich deine Sehnsucht immer wieder hin? Gibt es da einen Raum bei dir zu Hause? ... Eine ganz bestimmte Stelle in der Natur? ... Wo kannst Du aufatmen ... so sein wie Du

bist? ... Ist es das Meer? ... Der Wald? ... ein ganz bestimmter Baum? ... Ein See? ... Die Berge? ... Lass diesen Ort bildhaft vor deinem inneren Auge erscheinen ... sieh die Umgebung ganz genau ... die Farben und Konturen ... erinnere dich an die Gerüche und Geräusche ... vielleicht zeigen sich nun auch Gefühle, die du für gewöhnlich an diesen Orten spüren kannst ... gib diesen Gefühle Raum ... mit jedem Atemzug entfalten sich diese Gefühle mehr und mehr ... deine Wohlfühlkraftort-empfindungen.

Du siehst nun deinen Kraftort ganz genau und suchst dir eine schönen Platz an dem du verweilen möchtest ... an dem du dich gut hinlegen kannst ... lass dich von Mutter Erde tragen ... Du darfst dich ihr ganz anvertrauen ... fühle dich geborgen ... in diesem Moment ist alles so wie es sein soll ... Alles ist jetzt okay ... nur dieser Moment zählt ... Nimm wahr, wie deine Wohlfühlkraftortempfindungen in deinem Inneren strömen ... fließen ... dir Ruhe und Wohlbehagen bereiten ... Du verschmilzt mehr und mehr mit der Erde, ... mit deiner Umgebung ... Ein inneres Wissen, ein Fühlen sagt Dir, dass alles mit allem verbunden ist ... Dieses Wissen, dieses Fühlen öffnet dich ... lässt dich weit werden ...

Die Erde möchte dir nun ein Geschenk machen und lässt dir zur Freude wunderschöne Kristalle aus dem Boden wachsen, ... schützend um dich herum in allen Formen und Farben ... sie schillern ... glänzen und strahlen ... so ein Licht hast du noch nie zuvor gesehen. Du schaust und schaust und kannst dich nicht satt sehen an dieser Kristallpracht. Die Erde möchte dich noch weiter beschenken und sendet dir Liebeswellen über das Farbenlichtspiel der Kristalle zu ... Die Wellen durchdringen dich sanft und liebevoll, ... heilen alle Verletzungen, die du jemals erfahren hast ... Mit jeder Kristallwelle, die dich durch-wandert, fühlst du dich ein wenig heiler ... Genieße und lass es einfach geschehen ...

Mutter Erde flüstert dir zu: "Geliebtes Menschenkind es ist dein Geburtsrecht glücklich und gesund durchs Leben zu gehen … ich bin bei dir und halte dich … bleibe hier bis du dich wieder ganz heil fühlst".
(3xKlangschale groß)

Dankbar nimmst du die Gaben von Mutter Erde an. du verweilst, bis du den Impuls erfährst zurückzukehren. Du verabschiedest dich … löst dich von dem Ort und reist reich beschenkt – erfrischt und erholt - zurück ins Hier und Jetzt.

Ruf der Elemente

Stelle dir vor du befindest dich auf einer üppigen Blumenwiese, … umgeben vom saftigem grün des Grases … Weit, weit kannst Du schauen ... nichts stellt sich deinem Blick in den Weg ... Ein buntes Blütenmeer um dich herum ... Windwellen bewegen sich hindurch (1x Klangschale groß) - ... erfreuen die Blumen im spielerischen Auf und Ab. Tief atmest du den feinen, zarten Blütenduft ein (1x Klangschale klein), ... die ätherische Kraft der Blumen.

Mit Genuss atmest du einige Male tief ein ... und aus ... (1x Klangschale groß) ... ein ... und ... aus, ... ein ... und ... aus. Du fühlst dich ganz im Einklang mit dir selbst.

Der Engel des Lichts möchte dir nun eine Begegnung schenken . Wende dein Gesicht der Sonne zu, ... spüre ihre Wärme, ihr Licht. Nimm die Wirkung der Sonne auf dich wahr, ... die Wärme lässt dich weit werden, ... öffnet dich, so dass alle Kräfte, Energien in deinem Inneren besser fließen können ... Das Licht schenkt dir Zuversicht, ... hellt dich auf ... lässt dich Möglichkeiten, neue Wege erkennen ... der Engel des Lichts ist die ganze Zeit bei

dir, so dass du dich ganz sicher fühlen kannst
… Lasse einfach los, … erlaube Dir zu genießen
(1x Klangschale groß)

Nach einer Weile verabschiedest du dich in
Dankbarkeit vom Engel des Lichts … Die
Wärme und das Licht schwingen weiter in Dir.

Ein weiterer Engel kommt zu dir: der Engel
des Wassers. Er nimmt dich an die Hand und
führt Dich zu einer kristallklaren Quelle, … ihr
Wasser folgt fröhlich, glucksend ihrem Lauf.
(1x Klangschale klein)

Du kannst das Wasser riechen und bekommst
Lust ein wenig von dem Wasser zu trinken …
Du formst mit deinen Händen eine Schale und
schöpfst aus der Quelle … angenehm frisch
und lebendig fühlst sich das Wasser an … Und
während du deine Hände zum Mund führst, …
hallen in dir die Worte nach: „Lebendiges
Wasser". Du trinkst, … schmeckst die
Einzigartigkeit dieses Wassers … Es ist ganz

weich ... Alle deine Körperzellen können dieses wunderbare Wasser gut aufnehmen ... Dein Körper fühlt sich erfrischt und von innen gereinigt an ... Alles was dein Körper nicht braucht, nimmt das Wasser hinweg. Du fühlst den Impuls, das Wasser auf deiner Haut spüren zu wollen ... der Engel des Wassers nickt dir zu ... So schöpfst du erneut aus der Quelle und lässt das Wasser dann über deinen Kopf und über den Körper hinunterfließen. Herrlich frisch fühlt sich das an ... Du fühlst Dich wie neu geboren, ... ganz lebendig ... ganz rein ... Lass dir Zeit, so dass sich das neue Gefühl in dir verankern kann ... der Engel des Wassers unterstützt dich dabei. (1x Klangschale groß)

Dann heißt es Abschied nehmen ... Dankbar winkst du dem Engel des Wassers hinterher.

Auf einer leichten Windböe kommt der Engel der Luft zu dir ... Er fordert dich auf zum Tanz. Nimmt dich mit in die Höhe ... dem

Himmel entgegen (1x Klangschale klein) ... Der Wind trägt euch ... pustet euch durch. Dein ganzer Körper möchte in Bewegung sein ... Du fühlst Dich so unsagbar leicht und frei ... Es macht so eine Freude durch die Luft zu segeln. Du schwelgst in der Luftleichtigkeit und lässt dich tanzen. Auch dein Atem wird Dir nochmal ganz anders bewusst ... die Luft in dir und um dich herum ... Du atmest ... lässt dich atmen, ... ein ... und aus, ... ein und aus ... (1x Klangschale groß)

Nach einer Weile schwebst du mit dem Engel der Luft wieder der Erde entgegen. Sanft setzt dich der Engel auf der Wiese ab. Danke lieber Engel der Luft!

Nach all den Erlebnissen ist dir danach, dich hinzulegen und die Arme auszubreiten. Es ist auch schön wieder festen Halt zu spüren! „Ja, das ist es!" bestätigt dir der Engel der Erde, der nun bei dir ist. „Liebes Menschenkind", so spricht der Engel weiter, „fühle dich angenommen und geliebt von unser aller Mutter Erde ... Du darfst dich ihr ganz anvertrauen ... ihre nährende Zuwendung annehmen ... um selber weiter wachsen zu können ... entdecke deine Talente ... schau wie viel in dir steckt ... entfalte deine Fähigkeiten, ... habe Freude daran und nutze diese zum Wohle aller, ... werde selber zum Gebenden, ... Nährenden, ... kannst du jetzt schon vorwegnehmen wie viel Freude das macht ...

Freude bei dir und mit denen du teilst! ... Geh in das Gefühl der Freude hinein ... Lass es dich ganz ausfüllen ... Die Freude am Leben Lebensfreude ... am Dasein, ... am Mitgestalten ... dies ist der schönste Dank für Mutter Erde ... Deine Lebensfreude!
(1x Klangschale groß)
Dann ist es Zeit langsam zurückzukommen ... du dankst dem Engel der Erde, ... nimmst Licht und Wärme, ... Reinheit und Lebendigkeit, ... Leichtigkeit und Freiheit und Lebensfreude mit hinein in Deinen Alltag.

Am See Genezareth

Frühmorgens in Tabgha ... Die Dunkelheit der Nacht verabschiedet sich ganz allmählich ... Noch ist die Sonne nicht zu sehen, ... doch sie kündigt sich an ... Im Morgenzwielicht sind erste Umrisse zu erkennen ... Du trägst deine Badebekleidung und hast ein Handtuch dabei ... Du stehst auf der Terrasse Deiner Unterkunft ... schaust zum See ... zum See Genezareth ... Du kannst ihn eher erahnen als sehen ... Deine anderen Sinne sind geschärft ... Der Seegeruch liegt in der Luft ... Du atmest diesen ganz eigenen Geruch tief ein und wieder aus. Du hörst das Wellenspiel ... hörst wie die Wellen immer wieder das Ufer grüßen ... Du lauschst ganz still, nimmst diese ganz besondere Stimmung wahr ... atmest einige Male tief ein und aus, ... ein ... und ... wieder aus ... Mit jedem Atemzug wirst du ein wenig wacher. Irgendwann kommt der Impuls loszugehen ... dem See entgegen ... Der See Genezareth ruft dich. Du folgst dem Pfad

vorbei am Grapefruit- und Zitronenbaum, …
entlang an Büschen mit wundervollen Blüten,
deren Namen du nicht kennst, die du noch nie
zuvor gesehen hast … Du fühlst dich ein wenig
wie in einer anderen Welt, … ein wenig
verzaubert … Du gehst ganz bedächtig, …
jeder Schritt will gefühlt werden …

Die Luft ist mild und es ist so schön in der
Morgendämmerung wenig Kleidung zu tragen, …
die Luft an der Haut zu spüren. Es wird immer
heller … die Sonne schickt ihr Leuchten voraus
… Dann bist du am Ufer angekommen … Du
stehst still und schaust über den See in die
Ferne … gönnst dir tiefe Atemzüge, … so als
ob du den See über deine Lungen aufnehmen
möchtest … Du denkst an die Geschichten die
mit dem See verknüpft sind und es ist dir, als
würde dich ein Hauch von Ewigkeit streifen (1x
Klangschale groß) … Wie schön ist es hier zu
sein, … das erleben zu dürfen … Du streifst
deine Sandalen ab und wagst dich in das
Wasser hinein … das Wasser umspült deine

Füße ... Du gehst weiter hinein ... das Wasser ist angenehm ... Es hat die Sonnenwärme vergangener Tage gespeichert ... Du gehst noch weiter bis das Wasser dich trägt,... du schwimmen kannst ... Du schwimmst im See Genezareth dem Sonnenaufgang entgegen ... Die orangerote Sonnenkuppel erhebt sich aus dem See ... mit jedem Schwimmzug wandert die Sonne ein Stückchen empor ... was für ein Schauspiel!

Algen streifen deine Beine. Das Wasser des Sees wird gespeist von den sieben heiligen Quellen, die in den Bergen entspringen. Dein Atem trägt dich ein ... und ... aus ... das Wasser trägt dich ... und die Kraft die in dir ist, die dich schwimmen lässt ... die auch dich trägt ... durch dein Leben. Irgendwann schaust du zurück zum Ufer ... Es scheint so weit weg ... Du bist ganz ruhig und fühlst dich eingebunden, verwoben mit allem was ist, ... mit dem großen Ganzen.

Tiefer Frieden erfüllt dich und das Wissen, dass du immer warst und immer sein wirst.

Du schwimmst zurück ... Die Wellen umspielen dich ... Du fühlst dich ganz wohlig ... Jetzt in diesem Moment ist alles so wie es sein soll. Am Ufer angekommen, setzt du dich noch ein Weilchen auf einen Stein, nimmst die Kraft der Sonne wahr, die nun merklich zunimmt, ... und schaust noch ein Weilchen über den See, ... lässt den Gefühlen in dir Raum ... lässt die Eindrücke sich in dir setzen ... und freust dich auf den Tag, der nun auf dich wartet, der gelebt werden möchte. (1xKlangschale klein)

Wüstenwanderung

Du sitzt mit lang vertrauten Weggefährten in einem Reisebus. Ihr seid schon länger unterwegs. Euer Ziel ist die Wüste Juda. Heute möchtet ihr eine gemeinsame Wüstenwanderung erleben. Es hat sich etwas abgekühlt, da es gestern geregnet hat! Das passiert in dieser Gegend nur alle paar Jahre! Ideale Bedingungen um die Wüste zu erkunden. Der Bus hält am Ausgangsort. Noch im Bus sitzend, siehst du wie Wüstenbewohner mit ihren Kamelen auf den Bus zukommen ... in der Hoffnung einige Waren verkaufen zu können. Du steigst aus dem Bus, sogleich werden dir die Waren feil geboten ... Datteln, Ketten, kleine Teppiche, Tücher und andere Dinge werden dir gezeigt. Du weißt, dass die Nomaden auf diesen Verkauf angewiesen sind und entscheidest dich ein weißes Tuch zu erstehen, welches du dir zum Schutz vor der Sonne um den Kopf wickeln kannst. Der spontane Wüstenbasar löst sich langsam auf ... Du bist nun mit Deinen Gefährten allein ... die Gespräche untereinander verstummen ... keiner hat das Bedürfnis zu reden. Du schaust Dich um und lässt die Wüste auf dich wirken, ... überall Geröll und Steine in allen Größen ... die Farbe Ocker überwiegt, ... ab und an ein wenig rötliches Gestein ... Alles ist staubig ... der Staub hat sich bereits auf deine Sandalen gelegt ... die Wüste küsst deine Füße. Welche Botschaft die Wüste wohl für dich bereit hält? Schweigend geht ihr los ... Ein Weg ist nicht erkennbar ... Ihr folgt einfach dem Lauf eines Wadis. Du kannst dir kaum vorstellen, dass dieser staubig trockene Flusslauf mal Wasser geführt hat, oder gar irgendwann wieder führen wird. Das Wadi führt euch Berge hinunter und hinauf ... Häufig braucht es eine helfende Hand, um das eine oder andere Hindernis zu bewältigen ... Worte bedarf es nicht, ihr versteht Euch auch so ... gemeinsam in der Stille, in dieser kargen und doch so faszinierenden Landschaft unterwegs ... jeder für sich und doch zusammen. Du hast deinen Schrittrhythmus gefunden ... Du weißt, dass du so lange unterwegs sein kannst ... es fühlt sich an, als ob eine Kraftquelle in dir, dich gleichmäßig und kontinuierlich mit Energie versorgt ... Was für ein schönes Bild denkst du noch ... Auch wenn alles trocken und karg sich zeigt, trage ich eine Quelle in mir, die mich mit allem versorgt was ich brauche! Tiefes

Vertrauen in das Leben und an deine eigene Kraft entfaltet sich in dir! (1x Klangschale groß)

Dir ist danach, diese Erkenntnis mit einigen tiefen Atemzüge in dir zu verankern ... Du atmest bewusst ein und wieder aus, ... ein ... und wieder ... aus. Euer Weg führt euch weiter und weiter ... Stunde um Stunde Felsen ... Steine ... Geröll ... Staub und Sonne das Gefühl von Zeit hat sich verändert ... scheint aufgelöst ... Ein anderes Verständnis von Raum und Zeit lässt sich erahnen ... (1xKlangschale groß)

Ihr geht weiter ... umrundet ein Bergmassiv ... Von hier aus könnt ihr in ein kleines Tal schauen ... welch Kleinod ist zu sehen! ... Eine kleine Oase im satten Grün zeigt sich euch ... Welch Kontrast zur übrigen Umgebung! Vorsichtig machst du dich mit Deinen Weg-gefährten an den Abstieg hinunter zum Tal ... immer wieder kommst du ins Rutschen ... Das Geröll bietet keinen sicheren Halt ... Jeder

Schritt will achtsam gesetzt werden ... Du unterstützt dich mit deinem Atem, ... atmest bewusst ganz gleichmäßig ... ganz ruhig. Dann ist es geschafft! Alle sind sicher im Tal angekommen ... Alle atmen erleichtert auf. Die Oase vor Augen beflügelt die letzten Schritte ... Und dann seid ihr angekommen. Die Oase öffnet ihr Grün ... heißt euch willkommen, ... lockt mit erfrischendem Wasser, kühlem Schatten und Datteln direkt vom Baum. Angenehm erschöpft suchst du dir ein schönes Plätzchen.

An einer Quelle schöpfst du Wasser und lässt es wohlig deinen Körper hinablaufen. Für heute ist das Etappenziel erreicht ... Jetzt kannst du verweilen und Dich entspannen.

Du wirst ganz ruhig, ... schaust in das übervolle, saftige Grün, tiefer Frieden erfüllt Dich ... kannst Dich mehr und mehr ent- spannen ... tauchst ein in Dein Oasengefühl ... äußere und innere Fülle ... bist dir deiner eigenen, inneren Kraftquelle bewusst ... fühlst dich frei ... bist frei ...

Regentag

Wolkenverhangen zeigt sich der Tag ...Trüb
und grau scheint die Welt ringsum ... Es wird
nicht heller, aber auch nicht dunkler ... Ohne
Blick auf die Uhr ist nicht zu erkennen, wo der
Tag sich gerade befindet ... Er scheint
festzustecken ... nicht genau wissend, wohin ...
Ohne etwas werden zu wollen, ... planlos, ...
ziellos, ... irgendwie auch gleichgültig,
dahindümpelnd. So ein Tag heißt dich heute
willkommen. Er lädt dich ein, dich zurück-
zuziehen ... es dir gemütlich zu machen, ... die
äußeren Aktivitäten mal ruhen zu lassen, ... frei
vom schlechten Gewissen etwas tun zu müssen.
Du schaust aus dem Fenster ... beobachtest
das Fallen der Regentropfen ... Himmel-
wolkenwasser ... unzählige Tropfen ... wie lange
sind sie wohl schon unterwegs? ... Zunächst
sind sie zusammen als Wolkenfamilie gereist ...
dann haben sie gewagt den Sprung ... allein, ...
mutig, ... im Vertrauen der Erde zu einem
unbekannten Ort entgegen, ... Vielleicht auch

mit Lust, ... dem Wunsch nach Veränderung. Werden sie das vorfinden, was sie sich erhofft haben? Du hältst inne und fragst dich selbst, welche Erwartungen, Ziele du für die nächste Zeit hast. Möchtest du überhaupt etwas verändern, und wenn ja, wie möchtest du vorgehen? ... Welche Schritte dürfen ausgeführt werden, um das Ziel, ... dein Ziel zu erreichen? ... Welche Menschen können Dich dabei begleiten unterstützen? Vielleicht hast Du mit manchen Menschen gemeinsame Ziele, Interessen?

Du nimmst die verschiedenen Töne wahr, die die Tropfen machen, wenn sie irgendwo auftreffen, ... auf dem Vordach ... auf dem Asphalt ... auf der Terrasse ... dem Gewächshaus ... der Plane auf dem Holzstapel ... dem Carport des Nachbarn ... Im Zusammenspiel entsteht eine ganz eigene Regenmelodie ... jeder Ort hat sein eigenes Regenlied. So wie jeder Mensch im Zusammenspiel mit anderen Menschen sein Lebenslied erklingen lässt.

Der graue, trübe Tag legt schützend einen
Kokon um dich, ... gönnt dir Zeit zum
Verschnaufen ... hast Zeit und Muse, in deinem
Kokon, deine Lebensmelodie zu komponieren ...
weiter zur Entfaltung ... zum Singen ...
Schwingen zu bringen ... kannst Du sie schön
hören? ... deine Melodie? (1xKlangschale groß)

Alles was ist

Ich bin du und du bist ich,
das ist wahr erinnere dich.

Wo du auch hinblickst ist überall Licht,
eine Trennung existiert da nicht.

Wir sind alle vom Ganzen ein Teil,
jeder im Werden – zusammen ganz heil.

Alles was ist, hat die Liebe vollbracht,
ein Prozess, mal stürmisch – mal ganz sacht.

Erfüll´ die Welt mit deinen besten Gedanken,
wir erfahren uns mit und werden es danken.

Zu erkennen was ist,
kann sein ganz leicht ...
Stille und wirklich Sehen das reicht!

Wer möchte könnte zur Untermalung ein wenig
räuchern, z.B. Weihrauch, Wacholder.

Schwester Nacht

Dunkel mich die Nacht umfängt,
(1x Klangschale groß)
blinkende Sterne der Himmel uns schenkt.
(1x Klangschale klein)

Wenn auf leisen Schwingen,
Träume berichten von unbewussten Dingen.

Wunderbare Schwester Nacht,
die Mondin deine Begleiterin über Schlafende
wacht.
(1x Klangschale groß)

Der Einsatz von ätherischen Ölen kann die
Stimmung des Gedichtes noch untermalen.
Hier bieten sich beruhigende, wärmende Düfte
an: wie z.B. Lavendel, Vanille, Tonka evtl. auch
Rose.

Tief im Wald

Bäume sich schwindelnd in die Höhe winden,
(1x Klangschale klein)
Vögel ihr Zuhause in den Kronen finden.
Beständig sie im Erdreich wurzeln,

(1x Klangschale groß)
zu ihren Füßen Wichtelkinder purzeln.

Hinter Mooskissen versteckt,
haben Trolle etwas ausgeheckt.

Wie sie am besten Blaubeeren plündern,
um blau zu färben ihre Münder.

Scheu ein Reh durchs Dickicht streift,
beim leisesten Geräusch die Flucht ergreift.

All dem Treiben schauen Tannenmuhmen zu,
ohne dabei zu verlieren ihre Ruh.
(1x Klangschale groß)

Sacht besucht der Wind ihre Wipfel,
durchweht sie alle bis in den letzten Zipfel.
(1x Klangschale klein)

Die Sonne durchs Geäst malt goldene Bahnen,
lässt Wunder und Geheimnis erahnen.
(1x Klangschale groß)

Frühling

Die laue Frühlingsluft,
bringt uns ersten Blumenduft.
(1x Klangschale klein)

Lässt erahnen das Erwachen der Pflanzen,
die Seele fängt vor Freude an zu tanzen.
(1x Klangschale klein)

Mutig grüne Wesen aus der Erde sich recken,
vorwitzig sie ihre Glieder strecken.

Vereinzelt bunte Blütenkleckse lassen sich
blicken,
Sylphen ihre Köpfe bringen zum Nicken.

Letzte Wintergrüße in der Sonne tauen,
(1x Klangschale groß)
wir freudig in eine lichte Zukunft schauen.
(1x Klangschale klein)

Mit erneuernden Kräften der Natur
verbunden,
ist der neue Jahreslauf leicht zu umrunden.
(1x Klangschale groß)

Bei diesem Reim, bietet sich auch der Einsatz
von frischen, belebenden ätherischen Ölen an.
(z.b. Mandarine, Zitrone, Eisenkraut,
Grapefruit u.a)

April

Schau´ sich das mal einer an:
Im April fangen Herr Winter und Frau
Frühling zu ringen an!

Herr Winter schickt Wolken, Graupel, Hagel
und Schnee,
Frau Frühling entgegnet mit Sonne, Narzisse
und grünem Klee.

Wenn beide aufeinandertreffen, gibt's Donner
und Gezanke ...
und zum Schluss´ -ne kunterbunte
Regenbogenranke.

Irgendwann wird's Frau Frühling zu bunt
und sie tut dem Herrn Winter kund:
„Verzieh´ dich in Deine Ruhepause – Jetzt
bezieh´ ich hier mein zu Hause".

Mit der Kälte ist jetzt Schluss – ich gebe Dir
jetzt -nen Sonnenkuss!!!"

Herbst in mir und um mich herum

Jubelnd, leuchtend bereitet sich die Natur
auf ihre Ruhephase vor,
Busch und Baum musizieren in einem
prächtigen Farbenchor.

Die Luft ist von Laub und Erde erfüllt.
Der Fliegenpilz sich in seinen roten Mantel
hüllt.

Im Wald und Feld die Heide blüht,
der Bauer sich mit der Erde müht.

Apfel und Birn´ laden ein zum fruchtigen
Genuss,
das Eichhorn ist auf den Weg zu finden Kern
und Nuss.

Der Wind nimmt Blätter mit auf seine Reise
und pfeift durch Mauerritzen seine
herbstliche Weise.

Über Nacht haben fleißige Spinnen glitzernde
Netze gewoben,
morgens früh sich darüber undurchdringliche
Nebel erhoben.

Wenn es kalt um die Nase weht,
die Seele mehr in die Stille geht.

Im Herzen kehrt die Ruhe ein,
geborgen bin ich im Lichterschein.

Katerliebe

Du liegst auf dem Sofa ... eingehüllt in deiner
Lieblingsdecke ... für heute hast du alles getan,
... deine Aufgaben erledigt ... Du darfst Dich
jetzt ausruhen ... Ein bisschen hast du
gelesen ... das Buch jetzt aber zur Seite
gelegt ... Deine Augen sind geschlossen ... du
bist ganz gedankenleer und döst wohlig vor
dich hin ... Du bist kurz davor einzuschlafen,
da dringt ein dir wohlbekanntes Maunzen an
dein Ohr ... Katerchen kommt vorbei um dich
zu begrüßen!
Auf Samtpfoten ist er leise zu dir gekommen
... mit seiner feuchtkalten Schnauze stupst er

dir einige Male ins Gesicht ... und fängt dann an, dich mit seiner rauen Zunge abzuschlecken. „Okay Katerchen" – denkst du dir, - „Du brauchst wohl deine Streicheleinheiten." Kaum gedacht und schon macht Katerchen es sich auf deiner Brust bequem und beginnt sachte zu treteln ... Deine Finger streifen durch das seidige Fell – und du kannst spüren, wie Katerchen sich mehr und mehr unter deinen Händen entspannt und du dich mit ihm. Wie weich und gepflegt sich das Fell anfühlt ... Es ist schön es zu spüren. Katerchen beginnt immer lauter zu schnurren ... Die Vibrationen übertragen sich auf deinen Brustkorb. Du streichelst seinen Kopf ... kraulst ihn unter seinem Kinn ... Wenn dir Katerchen in die Augen schaut, geht dir dies direkt ins Herz ... Liebeswellen strömen zwischen Euch. Katerchens Augen werden immer schwerer ... sein Treteln lässt nach ... Das Schnurren wechselt über in Schlafatemgeräusche ... ganz ruhig atmet dein Katerchen ein ... und wieder ... aus, ... gleichmäßig bewegt sich sein

Brustkorb im Atemrhythmus … dadurch wird dir deine eigene Atembewegung bewusst, … das Heben und Senken Deines Brustkorbs … nimmst die Kraft deines Atems wahr … Trotz Katerwollknäul auf der Brust, kannst du ihn beim Einatem mühelos mit anheben … Dein Atem und Katerchens Atem verbinden sich miteinander … ihr atmet zusammen ein … und … aus … es ist, als würden von Katerchen Schlafwellen ausgehen … die dich leicht und schwebend machen … Und du gleitest mit deinem Kater hinweg ins Reich der Träume … Danke liebes Katerchen!

Gewitter

Es ist schwül – heiß ... Die Hitze legt sich lähmend auf alles Leben ... Jede Bewegung reduziert sich auf das Allernotwendigste ... die Natur hält den Atem an ... Alles wird still ... steht still, ... unheimlich, bedrückend still, ... kein Windhauch, ... kein Lüftchen geht ... Hitzeflimmern steigt vom Boden auf, ... malt Schlieren, Unschärfe ins Landschaftsbild. Fata Morgana Stimmung ... Luftspiegelungen gaukeln, ... schaukeln ... Grenzen verwischend. Alles verlangt nach Erfrischung ... nach Kühlung. Wandel ist zu erahnen ... Veränderung vollzieht sich.

Schon zeigen sich weit am Horizont turmhohe, dunkle Wolken ... ein leichtes Grollen ist von Ferne zu hören ... der Wind frischt auf ... wie wohltuend dies ist ... lebendige Luft streift auf der Haut ... die Lebendigkeit überträgt sich. Die Wolken kommen näher, ... immer wieder neue gigantische Formen findend. In der Atmosphäre ist eine große Kraft zu spüren

... eine Kraft, die irgendwo hin muss, ... eine Kraft, die nach Ausgleich drängt ... die ein Ventil sucht, ... sich entladen möchte, ... so übervoll von Energie, ... gewaltige Energie, die greifbar scheint ... Der Wind nimmt diese Kraft ... diese Energie auf und saust mit ihr umher ... zerrt an Hindernissen, die sich ihm in den Weg stellen ... manches hält Stand ... manches ist flexibel, biegsam ... lässt den Wind gewähren ... der sich nun mehr zum Sturm ausgewachsen hat ... ohne den Halt zu verlieren. Die Sicht bekommt scharfe Konturen, ... eine neue Klarheit, ... Farben gewinnen an Tiefe, ... magische Farbintensität ... zum in sich darin zu verlieren schön ... Was bringt die Farben nur so zum Leuchten?

Schwer fallen die ersten Regentropfen ... zunächst vereinzelt ... langsam, ... dann an Anzahl gewinnend, ... treffen hart auf der Erde auf ... springen teilweise wieder einige Zentimeter in die Höhe. Was für ein Schauspiel! Dann leeren sich die Wolken

vollends ... Sturzbäche gießen sich hernieder. Grelle, gezackte Blitze zerreißen plötzlich den Himmel, ... gefolgt vom lauten Böllerknall des Donners. Alles zuckt zusammen, ob dieser Naturgewalt. Ungestüm finden Blitz, Donner und Wind zum Sturm zusammen, ... fegen über das Land, ... übernehmen die Regie, ... toben sich so richtig aus. Keiner kann Einhalt gebieten, ... darf sich in den Weg stellen ... Nach einer Weile hat sich aller Druck entladen ... Es wird ruhiger ... immer ruhiger ... Das Gewitter verabschiedet sich ... hinterlässt eine reine, ausgeglichene Landschaft.
Eine neue Frische, Klarheit bringen Lust und Lebensfreude.

Auf dem Basar in Jerusalem

Du gehst durch das Damaskustor ... und bist in der Altstadt von Jerusalem ... Es ist ein wenig so, als wärst du ein Zeitreisender ... die Zeit scheint hier vor hunderten von Jahren stehengeblieben zu sein ... der Basar empfängt dich bunt, laut, geruchsintensiv und lebendig. Händler laufen mit ihren Waren auf dem Kopf an dir vorbei... Manche ziehen hölzerne Sackkarren. der Muezzin ruft durchdringend zum Gebet ... Du lässt dich einfach treiben ... Viele Menschen sind unterwegs, ... scheinen ein Ziel zu haben, ... gehen zügig ... Du brauchst keinen Zeitplan einhalten, ... darfst schlendern, stehenbleiben und schauen, wie dir gerade der Sinn nachsteht ... dich an dem was du siehst, hörst, riechst und fühlst. Die überdachten Basargänge wirken geheimnisvoll, märchenhaft ... Gewürze kunstvoll aufgetürmt, verströmen intensiven Kräutergeruch ... Du atmest ihn tief in Deine Lungen ein ... Wohltuender Thymianduft liegt in der Luft ...

Du atmest einige Male ganz bewusst ein und aus, ... eine Wohltat für Deine Bronchien ... gönnst dir hier mitten auf dem Basar eine Atemkur ... ein ... und ... aus ... Händler bieten Dir Gewürze zum Kosten an ... Eine Thymianmischung schmeckt Dir besonders gut ... Du nimmst sie mit, für deine Lieben daheim ... und freust Dich jetzt schon sie damit zu überraschen ... Ob es ihnen wohl genauso gut schmecken wird wie Dir selbst ...? Du bummelst weiter ... vorbei an riesigen Dattelständen ... Frische Datteln, noch ganz saftig, verlocken dich zum Naschen ... Mmmh, dein Körper spürt, dass in den Früchten viele gute Nährstoffe enthalten sind, die ihm gut tun ... Mineralien, Spurenelemente und Vitamine. Deine Augen bekommen soviel zu sehen ... Menschen, die so ganz anders gekleidet sind, als es dir bisher vertraut war ... Du denkst an Aladin und Scheherazade ... Frauen in fließenden, eleganten Gewändern ... meist verschleiert ... Männer mit langen Hemden und weiten Hosen ...

Granatapfelpressen zum Entsaften ... für den leckeren, zwischendurch Trinkgenuss ... Tücher hängen mannigfach vom Basargewölbe, ... eines schöner als das andere ... Oliven grün, braun und schwarz in verschiedenen Größen, ... frisch und eingelegt ... werden abgelöst von farbenfrohen Teppichen mit aufwendigen Ornamenten. Die Wege sind mit uralten, schon rundgelaufenen Pflastersteinen befestigt ... Ganz glatt fühlen sie sich unter Deinen Sohlen an ... Wer wohl schon alles über diese Steine gelaufen ist?

Du näherst Dich der Via Dolorosa ... Hier sind einige Pilgergruppen mit einem großen Holzkreuz unterwegs ... Du beobachtest, dass das Kreuz immer mal wieder seinen Träger wechselt ... Die Gruppen sind im Gebet oder Gesang vertieft, ... unterwegs zum Berg Golgotha ... Dort steht die Kreuzigungskirche. Die Gerüche ändern sich, ...zunehmend kannst du Weihrauch und Rosenölduft wahrnehmen. Auch hier auf der Via Dolorosa herrscht reges, geschäftiges Markttreiben ... Die

Waren ändern sich ... fast ausschließlich religiöse Devotionalien werden zum Verkauf angeboten: Ikonenbildchen, ... Rosenkränze, ... Kreuze in allen Varianten und noch vieles mehr. Je mehr du dich der Kreuzigungskirche näherst, desto mehr nimmt das Gedränge zu. Du entscheidest dich, die Kirche lieber in den frühen Morgenstunden aufzusuchen, um dann dort ungestörter sein zu können.

Über eine Seitenstraße gelangst du auf einen größeren Platz, ... entdeckst dort ein österreichisches Kaffeehaus, ... kehrst dort ein, ... suchst dir einen schattigen Platz unter Palmen im Kaffeegarten, ... legst eine Pause ein, ... entspannst dich und lässt bei einem Wiener Kaffee die vielen Sinneseindrücke nachwirken ... Du entspannst Dich ... hier ist es ganz ruhig ... und du hast Zeit ...

Herzheilung auf den Hirtenfelder von Bethlehem

Weiche, weite Hügel liegen vor dir, ... erfreuen deinen Blick. Pinien und Kiefern verströmen ihren ganz eigenen Harzgeruch ... Es ist sehr warm ... und du bist schon eine Weile gewandert, ... von der Stadt Bethlehem aus ... zu den Hirtenfeldern, die der Stadt vorgelagert sind, auf denen du jetzt stehst. Du suchst dir einen schattigen Platz ... um ein wenig zu ruhen ... und um dich in diesen ganz besonderen Ort hineinzuspüren ... Bilder steigen vor Deinem geistigen Auge auf ... Was zeigt sich dir?

Spricht der Ort mit dir?

Welche Botschaft hat der Erzengel Gabriel den Hirten überbracht?

Hat er auch für Dich eine Botschaft?

Deine Hände berühren den Boden ... Er ist sehr trocken ... bedeckt mit den Nadeln der Bäume und Kieferzapfen sind überall zu sehen ... Du fühlst dich eingeladen, dich hinzulegen und die

Augen zu schließen … Du bist angenehm erschöpft von der Wanderung, die hinter dir liegt … Du lässt los und beginnst dich zu entspannen … einfach schön hier auf der Erde zu liegen! Dein Atem fließt immer ruhiger … Du bist ganz für dich, … sinkst tiefer in die Erde … die Erde möchte dich halten und tragen … und Du kannst es gut zulassen … vertraust ihr dein ganzes Gewicht an … eine angenehme Schwere und auch Weite breiten sich in dir aus. Mmmh … ein wunderbarer Genussmoment.

Liebeswellen sendet dir die Erde zu, … schwingen durch dich durch, … öffnen dich … ganz sanft wird dein Herz nach unten gezogen … mit einem leichten Sog … Die Erde nimmt es auf… in ihr heilendes Inneres … es fühlt sich ungewöhnlich … und doch ganz angenehm, richtig an … Ein tiefer Frieden umgibt Dich. Nach einem Augenblick kannst Du wieder einen Sog wahrnehmen … diesmal in die umgekehrte Richtung … Dein Herz findet seinen Weg zurück in deine Körpermitte … Du denkst nicht

... bist nur am Spüren. Dein Herz ist nun leichter ... heiler! Du brauchst einige Momente um dich an dein neues Herzgefühl zu gewöhnen.

Tiefe Freude und Dankbarkeit steigen in dir auf. Ein Gefühl von Verbundenheit mit allem was ist, und die Gewissheit, dass du ein vollkommener Teil davon bist, werden dich ab nun durchs Leben begleiten.

Morgens in Assisi

Du bist mit einer Gruppe in Assisi, einer Hügelstadt in Umbrien auf Pilgerreise ... um mehr vom Leben des hl. Franziskus und der hl. Klara zu erfahren. Du hast dich schon ein wenig einleben können ... den Alltag hast du schon gut abgeschüttelt ... Ein wunderbares Urlaubsgefühl hat sich bereits in Dir ausgebreitet ... Heute hast Du dir vorgenommen, den Tag ganz mit dir alleine verbringen zu wollen ... So brauchst du dich mit keinem abstimmen oder Kompromisse eingehen. Ein herrlich, unverplanter Tag liegt vor dir, ... wartet auf dich, um mit Erlebnissen gefüllt zu werden. Du verlässt das Kloster, welches euch beherbergt ... es mutet ein wenig wie ein Museum an ... wie auch die ganze Altstadt, die sich hoch auf den Hängen des Monte Subasios erstreckt. Es ist noch früh am Morgen ... Die aufgehende Sonne, bringt das rötliche Gestein des Monte Subasios, aus welchem die Gebäude gebaut sind zum Leuchten.

Du tauchst ein in das rote Licht ... und machst dich auf zum nächst gelegenen Brunnen ... nach ein paar Schritten kannst Du schon das fröhliche, helle Plätschern des Brunnen hören ... Dort angekommen füllst du deine Wasserflasche auf ... Wassertropfen benetzen Deinen Arm ... spritzen dir vorwitzig ins Gesicht ... wünschen Dir einen guten

Morgen, ... zaubern dir ein Lächeln ins Gesicht.
Ein paar Schlücke trinkst Du direkt hier am
Brunnen, um Deine Flasche wieder direkt
befüllen zu können. Wie herrlich frisch und
wohltuend das Wasser ist ... Belebend rinnt es
deine Kehle hinunter.

Nachdem du dich satt getrunken hast,
überlässt du deinem Körper einfach die
Führung ... mal schauen wo es dich hinzieht. Die
Gassen sind noch ganz ruhig ... die Stadt wirkt
noch ein wenig verschlafen ... Über allem liegt
fein der Duft von Lavendel und Oregano ...
Rosenölduft entweicht den kleinen und großen
Kirchen, Kapellen, die hier ihr zu Hause
haben ... Noch ist es angenehm frisch. Du
genießt dies bewusst, da du weißt, dass die
Sonne bald ihre ganze Kraft zeigen wird.

Du schlenderst durch die mittelalterlichen
Seitengassen und Treppengässchen und lässt
dich von den wunderbaren Ansichten und
Ausblicken überraschen. Ein Zauber scheint
über der Stadt zu liegen ... Ein leichtes,
beschwingtes Fluidum zeichnet hier die

Stimmung aus. Gut gelaunt setzt du deine Entdeckungstour fort ... Du überquerst einen großen Platz ... Vor Dir erhebt sich im Morgensonnenlicht die Basilika Santa Chiara mit ihrer rosa – weißen Fassade. Leiser, feiner, feierlicher Gesang dringt aus der Basilika ... Dir ist danach ein wenig zu lauschen ... ein Mauervorsprung bietet sich zum Sitzen und verweilen an. Du hast hier zu einer Seite einen herrlichen Blick auf ein weitläufiges Tal und zur anderen Seite kannst du den Marktplatz überschauen, der sich nach und nach mit Menschen füllt.

Über den Atem möchtest du all dies in dich aufnehmen ... Du lässt den Atem allmählich tiefer werden ... atmest ein ... und wieder ... aus, ... ein ... und wieder aus, ... du sitzt und atmest, bis du deutlich die Atemwelle durch Dein Inneres wandern spürst ... Ein angenehmes Gefühl ... ein angenehmes Strömen breitet sich in dir aus ... Etwas von dieser Umgebung geht auf dich über, ... mmh

Genussmoment! ... Irgendwann ist dir danach aufzustehen, ... weiterzugehen, ... weiter in diesen geschenkten Tag hinein.

Lektorin: Christiane Blumenkamp

© Copyright 2023 Petra Paschalidis
Alle Rechte vorbehalten.
Herstellung und Verlag:
BoD – Books on Demand, Norderstedt
ISBN: 9783756888016